Jutta Rintelen

Die schönsten Sprüche und Verse fürs Poesiealbum

Jutta Rintelen

Die schönsten Sprüche und Verse fürs Poesiealbum

Urania

Zum gleichen Thema bei Urania:
Ingeborg Düffert: Kleines Vortragsbuch für Familienfeste,
    ISBN 3-332-00532-4
Ingeborg Düffert: Alles Gute! Der passende Vers zu jedem Geschenk,
    ISBN 3-332-01028-X
Ingeborg Düffert: Kinderverse für Familienfeste,
    ISBN 3-332-01087-5
Andrea Klein: So gelingt Ihre Hochzeitszeitung,
    ISBN 3-332-00531-6
Kerstin Weidlich Huth: Wir feiern Hochzeit,
    ISBN 3-332-01027-1
Mechthild Aderholz: Der perfekte Hochzeitsplaner,
    ISBN 3-332-01085-9
Sybil Gräfin Schönfeldt: Die schönsten Feste zu Hause feiern,
    ISBN 3-332-00633-9
Sybil Gräfin Schönfeldt: Feste & Bräuche durch das Jahr,
    ISBN 3-332-01026-3

Die Deutsche Bibliothek - CIP-Einheitsaufnahme
Ein Titeldatensatz für diese Publikation ist bei Der Deutschen Bibliothek erhältlich.
ISBN 3-332-01086-7

© 2000 by Urania-Ravensburger in der Dornier Medienholding GmbH, Berlin
Alle Rechte vorbehalten.
Umschlaggestaltung: Konstantin Buchholz
Zeichnungen: Roland Beier
Lektorat: Berliner Buchwerkstatt, Vera Olbricht
Innengestaltung & Layout: Berliner Buchwerkstatt, Britta Dieterle & Ulrike Sindlinger
Druck: Printed in Slovakia
Gedruckt auf alterungsbeständigem Papier mit chlorfrei gebleichtem Zellstoff.
Die Schreibweise entspricht den Regeln der neuen Rechtschreibung.

03 02 01 00   4 3 2 1

Inhaltsverzeichnis

Vorwort

Kein Frühling weiß so traut und wohl zu klingen,
als wenn zum Herzen Freundesworte dringen.

Nikolaus Lenau

Ganz in diesem Sinne ist ein Poesiealbum zu verstehen: Eine Sammlung von „Herzensworten", ausgewählt und geschrieben von lieben Verwandten oder guten Freunden.

Bereits die klassischen griechischen und römischen Dichter haben Sinnhaftes, Lebensweisheiten und gute Ratschläge in Verse gefasst oder in Sprüche gekleidet. Diese dienten sicherlich nicht reinem Selbstzweck, also dem Dichten und Reimen an sich, sondern waren für Mitmenschen und vielleicht auch die Nachwelt gedacht. Letztere wiederum begann im Laufe der Zeit Gereimtes in kleinen Alben an Freunde und Verwandte weiterzureichen. Das Poesiealbum, oft totgesagt, kam nie aus der Mode. Ganz im Gegenteil: Es erfreut sich immer noch großer Beliebtheit.

Wer sein eigenes Poesiealbum aufbewahrt hat, kann dieses in späteren Jahren zur Hand nehmen und geruhsam durchblättern. Beim Lesen der Sprüche und Gedichte werden liebe Erinnerungen wach. An manche Menschen, die einem einst nahe standen, erinnert man sich vielleicht auch erst durch ihre Zeilen und womöglich auch Zeichnungen. Ach, wie war das damals, als wir gemeinsam die Schulbank drückten! Wie hat doch die Tante mit ihren aufmunternden, weisen Zeilen letztlich Recht! Woher wusste der Freund nur, was alles in einem steckt?

Man wird beim Schmökern auch feststellen, dass die Zeit heute zwar eine andere ist, die Gedichte und die Lebensweisheiten jedoch unverändert gültig sind. Am Wesentlichen in der Welt, der Freundschaft, der Herzensgüte und der besinnlichen Betrachtung der Dinge hat sich nicht viel geändert. Auch heute finden sich in Poesiealben gute Ratschläge, Lebensweisheiten, Heiteres und Besinnliches, gleichwohl ob von einem Dichter oder selbst verfasst, zu einem fröhlichen Stelldichein zusammen.

Doch was tun, wenn man gebeten wird, selbst einige passende Zeilen in ein Album zu schreiben? Nicht jeder beherrscht die Kunst des Reimens und Dichtens oder kann auf einen Fundus an Gereimtem zurückgreifen. Für diesen Fall finden Sie hier den passenden Spruch, den humorigen Vers oder das besinnliche Gedicht. Lassen Sie sich zum Verweilen auf diesen Seiten verführen und wählen Sie in einer ruhigen Stunde das passende Dichterwort für einen lieben Menschen aus.

Jutta Rintelen

Für Jugendliche

*Reime oder Sprüche in ungezwungenem Gewand
kommen bei der Jugend gut an.
Ansprechend verpackt begleiten Lebensweisheiten
einen jungen Menschen auf seinem Lebensweg.
In künftigen Jahren wird er die Tragweite
so mancher sicherlich erfahren.*

Mädchen, sei im Leben klug
und durchschaue den Betrug,
wenn dir manche Leute sagen,
es wär' besser nichts zu wagen,
brav zu sein und ganz bescheiden,
was dir zufällt zu erleiden.
Ball' die Fäuste, zeig die Zähne!
Wo gehobelt wird, fall'n Späne.

Marga Lux

Schreibst du in dies Büchlein ein,
halte auch die Seiten rein.
Kleckse, Eselsohren, Flecken,
will ich darin nicht entdecken.
Mir wär' lieb, es bliebe schön,
sicher wirst du das versteh'n.

Marga Lux

Sieh her, mein Kind, und lerne diese Zweiheit:
den Hang zur Güte und den Drang zur Freiheit.

Christian Morgenstern

Erwarte nicht, das große Los
fällt dir einfach in den Schoß.
Packe lieber selbst mit an
und steh' im Leben deinen Mann.
Und ist geschafft, was du gewollt,
dann genieße den Erfolg!

Die Zeit der Jugend ist voll Hoffen,
alle Wege steh'n dir offen.
Gehe weiter Stück für Stück
und erob're dir dein Glück.

Gut für Mädchen und auch Knaben
wär' es, wenn sie Eltern haben,
die sie liebevoll begleiten,
und auf's Leben vorbereiten.
Ideal, das täten sie
mit Humor und Fantasie.

Marga Lux

Ein Mensch, der leider nie erreicht,
was er erhofft, sagt dir vielleicht:
„Das Leben wäre halb so schwer,
wenn dies und jenes nur nicht wär'.
Man wartet sinnlos jahrelang
auf das, was man nicht haben kann."
Hör diesem Menschen ruhig zu,
jedoch bedenke dann in Ruh':
Wer nur allein aufs Glück vertraut,
hat wirklich meist auf Sand gebaut.
Wer sein Ziel erreichen will,
wartet nicht und hält nur still.
Nimm mit Power und Verstand
dein Leben selber in die Hand!

Marga Lux

Lass dich trotz der Lebenswirren
nie in deinem Tun beirren.
Lebe fröhlich, lache viel,
dann erreichst du auch dein Ziel!

In einem kleinen Buch kann manchmal
eine große Welt verborgen sein.

Marga Lux

Nur vorwärts, frisch und frei den Blick,
darfst ihn nicht trübe senken.
Dir ward beschieden dein Geschick,
doch selbst kannst du es lenken.

Als Junge heckst du Streiche aus,
wächst aus der Schelmenzeit hinaus,
hast in der Schule Unterricht,
wo man vom Ernst des Lebens spricht.
Einen Beruf erlernst du dann
und bist auch schon ein junger Mann.
Doch auf dem Weg dahin von mir:
Glück und viel Spaß, das wünsch' ich dir.

Marga Lux

Das Leben ist ein buntes Spiel:
Du küsst und tanzt, erlebst sehr viel.
Es hält so viel für dich bereit
und gar zu schnell vergeht die Zeit.
Gemeinsam gehen wir ein Stück;
ich wünsch' dir für die Zukunft Glück,
Gesundheit, Liebe und auch Geld –
und Frieden auf der ganzen Welt!

Marga Lux

Kinder, Tiere, Pflanzen,
da liegt die Welt noch im Ganzen.

Christian Morgenstern

In der Schule, wenn wir lärmten,
gab es dafür ernste Rügen.
Als wir für die Mädchen schwärmten,
sind wir ihnen nachgestiegen.
Bilder werden dir erscheinen,
wenn du dieses Verslein liest,
und mit Recht wirst du dann meinen,
dass ein alter Freund dich grüßt.

Marga Lux

Wenn auch die Welt im Ganzen fortschreitet,
die Jugend muss doch immer wieder von vorne anfangen.

J. W. von Goethe

„Wenn dich Abenteuer locken,
bleib daheim und stopfe Socken",
hat man früher lamentiert,
„damit nichts Schlimmes dir passiert."
Doch dies ist ein alter Zopf,
denn Mädchen haben 'nen eignen Kopf!

Marga Lux

Klüger ist es selbst zu denken,
deine Schritte so zu lenken,
dass die Richtung für dich stimmt,
auch wenn das jemand übel nimmt.
Recht wird man dir später geben,
zeigt sich dein Erfolg im Leben!

Marga Lux

Hoffe wenig und wirke viel,
das ist der kürzeste Weg zum Ziel.

Rezept:
Ein Teelöffel Freude,
drei Tropfen Geduld,
zweihundert Gramm Gesundheit,
dazu viel Erfolg,
eine Hand voll Glück
und noch etwas Mut.
Gut mischen ist wichtig
und täglich genießen,
dann machst du es richtig.

Später wirst du einmal lesen,
was als Kinder uns verband.
Ja, es ist sehr schön gewesen,
dass wir beide uns gekannt.

Marga Lux

Zanke nie, wenn deiner Klarheit
herb ein Graukopf widerspricht;
Reigentanz und junge Wahrheit
lernen sich im Alter nicht.

Emanuel Geibel

Weißt du noch, wie wir mit Puppen
auf der Wiese einst gespielt?
Wir kochten aus der Knete Suppen
und haben uns ganz „groß" gefühlt.
In der Schule, wegen Schwatzen,
mussten wir im Eckchen steh'n,
wo wir fast vor Lachen platzten:
Ach, die Kinderzeit war schön!

Marga Lux

Genieße die Freuden,
sie sind wie ein Hauch.
Verwehen die Jahre,
verwehen sie auch.

Lerne, lebe, habe Mut!
Du wirst seh'n, wie gut das tut,
hast du dann aus eig'ner Kraft,
was du wolltest auch geschafft!

Marga Lux

Der Fleiß in deinen Jugendjahren
wird später gold'ne Früchte tragen.

Lebensweisheit

Denke nicht immer an dich allein,
füge dich immer dem Ganzen ein.
Es können aber nicht alle tanzen,
einer muss auch der Spielmann sein.

Sei stolz, beneide keinen,
schau nie auf äuß'ren Glanz.
Versuche nie zu scheinen,
was du nicht ganz sein kannst.

Du kannst im Dunkel zitternd klagen,
du kannst auch schimpfen oder toben,
du kannst leidend warten – oder
dich vorwärts tasten und ein Licht anzünden.

Lebensweisheit

Der Verstand kann uns sagen,
was wir unterlassen sollen.
Aber das Herz kann uns sagen,
was wir tun müssen.

Joseph Joubert

Sei stets der Eltern Freude,
beglücke sie mit Fleiß,
dann findest du im Leben
dafür auch guten Preis.

Schwinge dich zum Mond empor,
selbst wenn du ihn verfehlst,
landest du bei den Sternen.

Freundschaft

Guten Freunden schreibt man besonders gern ins Poesiealbum.
Humorig, persönlich und warmherzig
sollten die meist gereimten Grüße sein.
Kurz, etwas, an das man sich gern erinnert.
Lächeln Sie doch einem Freund
mit einem ansprechenden Vers ein Leben lang zu!

Du gehst im Morgen-, ich im Abendlicht –
lass mich dies Buch in deine Hände legen;
und konnt' ich jemals dir das Herz bewegen,
vergiss es nicht.

Theodor Storm

Mögen immer Sonnenstrahlen
dir das Leben heiter malen.
Wenn zwei kleine Regentropfen
leise an dein Fenster klopfen,
ja, dann denke stets bei dir,
dass es Grüße sind von mir.

Wir lernen die Menschen nicht kennen,
wenn sie zu uns kommen;
wir müssen zu ihnen gehen,
um zu erfahren, wie es mit ihnen steht.

J. W. von Goethe

Wo das Vertrauen hingewelkt ist,
kann Freundschaft nicht noch Liebe blüh'n.
So viel du sie zu halten trachtest,
umsonst ist all dein sorgend Müh'n.
So sorge, dass es nicht entschwinde,
ja, zwing' es, dass es bei dir bleibt!
Das ist ein blöder Tor, der selber
sich aus dem Paradiese treibt.

Wenn alle untreu werden,
so bleib ich dir doch treu,
dass Dankbarkeit auf Erden
nicht ausgestorben sei.

Unsere Freundschaft möge blühen,
still verborgen alle Zeit.
Gleich dem Veilchen, dem verliehen
die Natur die Einfachheit.

So tönt kein Lied in kummervollen Stunden,
als wenn der Freund das rechte Wort gefunden.

Nikolaus Lenau

Wie fruchtbar ist der kleinste Kreis,
wenn man ihn wohl zu pflegen weiß.

J. W. von Goethe

Wenn du einst in späteren Jahren
dieses Büchlein nimmst zur Hand,
denk' daran, wie froh wir waren
und dass Freundschaft uns verband.

Klug war der Mann, der sich das erste Stammbuch machte
und darin seiner Freunde dachte;
denn wenn sie in der Not, wie's oft geschieht, verschwinden,
so lassen sie sich doch im Stammbuch wiederfinden.

Eintrag um 1900

Wie heut' kann es nicht bleiben,
die Zeit bleibt ja nicht steh'n.
Magst du's auch nicht erleiden,
wir müssen trotzdem geh'n
auf ganz verschied'nen Wegen,
weil uns die Richtung trennt.
Und doch ist es ein Segen,
dass man einander kennt.

Immer will ich dein gedenken
und dir dieses Sprüchlein schenken.
Recht viel Glück auf allen Wegen,
wünsch' ich dir und Gottes Segen.

Lerne nur die Menschen kennen,
denn sie sind veränderlich.
Die dich heute Freunde nennen,
reden morgen über dich.

Wer möchte nicht zu jeder Zeit
vom Freunde Recht bekommen?
Doch irgendwann ist es soweit,
da macht es dich beklommen.
Du fragst dich: Denkt er wirklich so?
Wird er mich nicht belügen?
Auf einmal hast du das Gefühl,
er könnte dich betrügen.
Kritik ist sicher nicht bequem,
doch schafft sie auch Vertrauen.
Ein Freund muss ehrlich zu dir steh'n,
dann kannst du auf ihn bauen.

Marga Lux

Ein Freund ist ein Mensch,
vor dem man laut denken kann.

Auf echte Freunde kannst du bauen,
ihnen jederzeit vertrauen
und, wenn sie dir nicht enteilen,
Freud' und Leid mit ihnen teilen.

Auf einsamer Mauer
wächst einsames Moos.
Ich wünsch' dir viele Freunde
und ein glückliches Los.

Wenn du eine Freundin suchst,
dann such' dir eine echte.
Denn unter hundert Freundinnen
sind neunundneunzig schlechte.

Trennen uns auch Tal und Hügel,
lass dem Schicksal seinen Lauf;
denn die Freundschaft hat ja Flügel
und der Mensch hält sie nicht auf.

In Freundschaft bleibe mir verbunden,
wie viele Jahre sich auch runden.
Dann blicken wir vielleicht zurück,
auf Freud' und Leid, Erfolg und Glück.
Mag sein, dass wir am Stocke schlurren,
über die Zipperleinchen murren
und schau'n uns durch die Lupe dann
erinnernd dieses Album an.

Marga Lux

So viel' Stern' am Himmel stehen,
so viel' Schäflein, als da gehen
in dem grünen Feld.
So viel' Vöglein, als da fliegen,
als da hin und wider fliegen,
so viel' Mal' sei du gegrüßt.

Fällt dir vielleicht in späten Tagen
wieder ein, dies Stammbuch aufzuschlagen,
und schaust dann auch dies Blättchen an,
mit einem lieben Freund etwan,
da sagst du von mir wohl dies und jenes,
nicht allzu Schlimmes noch allzu Schönes:
Er war im Ganzen ein guter Mann
und uns besonders zugetan;
ich hoffe denn auch insofern,
er sitzt in einem guten Stern.

Eduard Mörike

Wenn man die Hand nicht ausstreckt,
kann sie auch nicht ergriffen werden.

Freundschaft ist ein Netz, welches uns auffängt,
wenn uns die Stürme des Lebens umwerfen.

Ein Freund ist gleichsam ein anderes Ich.

Cicero

Mein Wunsch ist nicht vermessen:
Du sollst mich nie vergessen!
Geschieht dies doch, lies meinen Reim,
dann fall' ich dir schon wieder ein.

Das Ich und Mich, das Mir und Mein,
regiert in dieser Welt allein.

Sprichwort

Zwei Blümlein im Garten,
die sitzen und warten
und warten auf dich,
Vergissmeinnicht.

Die Freunde nennen sich aufrichtig.
Die Feinde sind es.

Arthur Schopenhauer

In's Album schreibe ich dir ein:
Ich mag dich sehr, gedenke mein.

Gern will ich dir heute schreiben:
Lass uns immer Freunde bleiben.

Wenn später sich die Jahre runden,
wird der vielen schönen Stunden,
die wir gemeinsam oft verbracht,
gern in Erinnerung gedacht.

Marga Lux

Liebe und Zuneigung

Liebe und Zuneigung in Worte zu fassen,
erscheint manchem gar zu schwer.
Zum Glück haben sich Dichter bereits die Mühe gemacht.
Lassen Sie Ihre Gefühle durch die Verse klingen.
Jeder Mensch genießt gern solch liebevolles Dichterwort.

Jetzt bist du da, dann bist du dort.
Jetzt bist du nah, dann bist du fort.
Kannst du's fassen? Und über eine Zeit
gehen wir beide die Ewigkeit
dahin – dorthin. Und was blieb? . . .
Komm, schließ die Augen und hab mich lieb!

Christian Morgenstern

Und kränkt die Liebe dich, sei dir's zur Lieb' ein Sporn;
dass du die Rose hast, das merkst du erst am Dorn.

Friedrich Rückert

Lass mich zu deinen Füßen liegen,
lass mich dich anschau'n immerdar,
lass mich in den geliebten Zügen
mein Schicksal lesen, mild und klar,
damit ich fühle, dass auf Erden
die Liebe noch zu finden ist,
damit ich fühle, dass die Liebe
um Liebe noch die Welt vergisst.

Theodor Storm

Nicht die Vollkommenen,
sondern die Unvollkommenen
brauchen unsere Liebe.

Oscar Wilde

Verstand und Witz kann leicht ergötzen,
doch fesseln kann allein das Herz.

Wilhelm Hey

Wo Liebe mit Hoffnung vereint ist,
da steht es immer gut.
Ja, Liebe und Hoffnung bleiben
des Menschen höchstes Gut.

Ein Herz schlägt warm in meiner Brust
und teilet mit dir Leid und Lust.

Flieget ihr lieben Vöglein,
flieget über Berg und Tal.
Flieget hin, zur lieben . . . . . .*
grüßet sie viel tausend Mal.

Der Name ist beliebig einsetzbar

Gegen große Vorzüge eines andern
gibt es kein Rettungsmittel als die Liebe.

J. W. von Goethe

Oh zarte Sehnsucht, süßes Hoffen,
der ersten Liebe gold'ne Zeit!
Das Auge sieht den Himmel offen,
es schwelgt das Herz in Seligkeit.
Oh dass sie ewig grünen bliebe,
die schöne Zeit der jungen Liebe!

Friedrich Schiller

Das Maß der Seligkeit misst dir die Liebe ein,
je völler du von Lieb', je sel'ger wirst du sein.

Angelus Silesius

Lieben
heißt leben!

Die Liebe hemmet nichts; sie kennt nicht Tür noch Riegel
und dringt durch alles sich;
sie ist ohn' Anbeginn, schlug ewig ihre Flügel
und schlägt sie ewiglich.

Matthias Claudius

Ich sehe dich in tausend Bildern,
Maria*, lieblich ausgedrückt,
doch keins von allen kann dich schildern,
wie meine Seele dich erblickt.
Ich weiß nur, dass der Welt Getümmel
seitdem mir wie ein Traum verweht
und ein unnennbar süßer Himmel
mir ewig im Gemüte steht.

Novalis

* Maria kann vom Schreiber beliebig ersetzt werden

Kein Feuer, keine Kohle
kann brennen so heiß
als heimliche Liebe,
von der niemand nichts weiß.

Volkslied

Versäume nur die Liebe nicht, wenn du sie wirklich findest;
bedenk' jedoch, sie kühlt sich ab, wenn du sie an dich bindest.
Lass ihr ein wenig Freiheit doch, du darfst sie nicht ersticken;
dann wird sie dich noch lange Zeit erwärmen und beglücken.

Lebensweisheit

Die Rose sprach zum Mägdelein:
„Ich muss dir ewig dankbar sein,
dass du mich an den Busen drückst
und mich mit deiner Huld beglückst."
Das Mägd'lein sprach: „O Röslein mein,
Bild' dir nur nicht zuviel d'rauf ein,
dass du mir Aug' und Herz entzückst.
Ich liebe dich, weil du mich schmückst!"

Wilhelm Busch

Blumenduft vom Nachbarfenster
weht der Wind zu mir herein,
und es scheint ein Gruß der Liebe
aus der Ferne mir zu sein.

Theodor Storm

So lass uns Abschied nehmen wie zwei Sterne
durch jenes Übermaß von Nacht getrennt,
das eine Nähe ist, die sich an Ferne
erprobt und an dem Fernsten sich erkennt.

Rainer Maria Rilke

Zugegeben, die Liebe kann uns zur Qual werden,
aber ganz ohne sie verlören wir unsere Lebendigkeit.

Volksweisheit

Liebe/r . . . . . .*, denk an mich.
Ewig, ewig lieb' ich dich.

* Der Name ist beliebig einsetzbar

Eigentlich geht fast alles im Leben,
aber mit Liebe geht es noch besser.

Du bist wie eine Blume,
so hold und schön und rein;
ich schau' dich an, und Wehmut
schleicht mir in's Herz hinein.

Mir ist, als ob ich die Hände
aufs Haupt dir legen sollt',
betend, dass Gott dich erhalte
so rein und schön und hold.

Heinrich Heine

Die wir am meisten lieben,
können uns – und wir sie –
am leichtesten verletzen.

Liebe – sagt man schön und richtig –
ist ein Ding, was äußerst wichtig.
Nicht nur zieht man in Betracht,
was man selber damit macht,
nein, man ist in solchen Sachen
auch gespannt, was andre machen.

Wilhelm Busch

Was soll ich dir sagen, was soll ich dir geben?
Ich wünsche dir ein gutes Leben.
Hör, wie mein Verslein zu dir spricht:
„Ich achte und ich liebe dich!"

Vergiss mein Herz nicht, du treues Herz,
bleib treu mir in der Ferne,
ohn' dich ist alle Freude Schmerz,
ohn' dich sind dunkel die Sterne.

Clemens Brentano

Freudvoll
und leidvoll,
gedankenvoll sein,
langen
und bangen
in schwebender Pein,
himmelhoch jauchzend,
zum Tode betrübt;
glücklich allein
ist die Seele, die liebt.

J. W. von Goethe

Frühling ist Leben der Liebe und Liebe Frühling des Lebens,
lebst du der Liebe, so lebt ewiger Frühling in dir.

Jean Paul

Die Liebe, wenn sie neu, braust wie ein junger Wein.
Je mehr sie alt und klar, je stiller wird sie sein.

Angelus Silesius

Ein Irrtum, welcher sehr verbreitet
und manchen Jüngling irreleitet,
ist der, dass Liebe eine Sache,
die immer viel Vergnügen mache.

Wilhelm Busch

Wir wollen nicht mit Worten lieben
und mit der Zunge,
sondern in Tat und Wahrheit.

Worte des Johannes

Liebe bekommt man nur geschenkt,
sie lässt sich nicht erzwingen,
und wer darüber anders denkt,
dem wird sie Unglück bringen.

Marga Lux

Wer keine Liebe erfährt,
kann sie auch nicht verschenken.

Ohne Liebe ist das Leben
wie die Suppe ohne Salz.
Ohne Hoffnung sind die Tage
wie die Brote ohne Schmalz.

Volksmund

Die Liebe lebt von liebenswürdigen Kleinigkeiten.

Theodor Fontane

Alle Tage ist kein Sonntag,
alle Tag'gibt's keinen Wein
aber du sollst alle Tage
lieb und gut zu mir sein.

Volkslied

Liebe macht weich und verletzbar,
aber auch warm und fröhlich.

Marga Lux

Helle Länder sind deine Augen.
Vögelchen sind deine Blicke,
zierliche Winke, aus Tüchern beim Abschied.

In deinem Lächeln ruh' wie in spielenden Booten.
Deine kleinen Geschichten sind aus Seide.

Ich mag dich immer ansehen.

Alfred Lichtenstein

Liebe, die von Herzen liebt,
ist am reichsten, wenn sie gibt;
Liebe, die vom Opfern spricht,
ist schon rechte Liebe nicht.

Emanuel Geibel

Die Liebe ist wie Sonnenschein
und gleichet einer Flamme.
Doch Treue muss die Wurzel sein
an solchem Lebensstamme.

Volksmund

Wer nie geliebt,
hat nie gelebt.

Über das Glück

Auf der Palette des Lebens liegen Freud' und Leid
in unterschiedlichen Schattierungen dicht beieinander.
Entsprechend nuanciert fallen auch auch die Worte über das Glück aus.
Nun denn: Wer die Wahl hat, hat die Qual.
Wählen Sie das Passende aus.

Kopf ohne Herz macht böses Blut;
Herz ohne Kopf tut auch nicht gut.
Wo Glück und Segen soll gedeih'n,
Muss Kopf und Herz beisammen sein.

Friedrich von Bodenstedt

Ich wünsch' dir so viel gute Zukunftszeit,
wie die Wüste an Sandkörnern hält bereit.
So viel Jahre soll es dir gut ergeh'n,
wie Funkelsterne am Himmel steh'n.
Gott soll dich so viele Male segnen,
wie im Herbst uns Blätter im Wind begegnen.

Zwischen Schwarz und Weiß
liegt eine ganze Welt
voll bunter Farben.

Marga Lux

Freud' und Leid sind Reiseleute,
ziehen immer aus und ein;
doch will dieses immer länger,
jenes kürzer bei uns sein.

Friedrich von Logau

Wenn zwei voneinander scheiden,
so geben sie sich die Händ'
und fangen an zu weinen
und seufzen ohne End'.

Wir haben nicht geweinet,
Wir seufzten nicht weh und ach!
Die Tränen und die Seufzer,
die kamen hintennach.

Heinrich Heine

Glück kann man verdoppeln,
indem man es mit anderen teilt.

Das Glück ist wie ein Schmetterling.
Es taumelt durch dein Leben
und kann in einem Augenblick
ein Meer von Freude geben.
Dass es nicht bei dir bleiben könnt',
erfüllt dich schnell mit Bangen
und weil der Mensch sich gern verrennt,
versuchst du's einzufangen.
Genieße es, solang du's hast
und lass es danach flüchten,
denn was du einsperrst, wird die Last
der Zwänge sonst vernichten.

Marga Lux

Glückliche Erinnerungen
sind ein kostbarer Schatz,
den uns keiner stehlen kann.

Volksmund

Vergiss nicht, man benötigt nur wenig,
um glücklich zu sein.

Marc Aurel

Die Menschen werden immer finden,
dass die ernsteste Sache in ihrem Dasein
die Freude ist.

Gustave Flaubert

Trag munter'n Herzens deine Last
und übe fleißig dich im Lachen.
Wenn du an dir nicht Freude hast,
die Welt wird dir nicht Freude machen.

Paul Heyse

Nach einem trefflichen Mittagessen ist man
geneigt, allen zu verzeihen.

Oscar Wilde

Gott gebe mir nur jeden Tag,
so viel ich brauch' zum Leben.
Er gibt's dem Sperling auf dem Dach;
wie soll er's mir nicht geben!

Matthias Claudius

Des Menschen ganzes Glück besteht in Zweierlei,
dass ihm gewiss und ungewiss die Zukunft sei.

Friedrich Rückert

Schütte dein Herz in den Becher nur,
so müssen die Sorgen versinken,
aber die Torheit ist leicht von Natur,
die wird nicht mit ertrinken.

Emanuel Geibel

Mag sein,
dass wir für die uns zugeteilte Rolle
mehr Beifall ernten.
Aber das echte Glück
kommt nicht von außen,
sondern beginnt in uns selbst.

Marga Lux

Heiter geht an jedem Morgen
über dir die Sonne auf.
Glücklich, frei und ohne Sorgen
sei dein weit'rer Lebenslauf.

Flüchtig sind die Lebenstage.
Frohsinn ist nicht nur ein Traum.
Füll nicht nur mit Müh' und Plage
diesen kleinen Lebensraum.

Willst du in deinem Leben
dich wahren Glücks erfreu'n,
so musst du dich bestreben,
gut, wahr und treu zu sein.

Genieße das kleine Glück
bis du das große findest.

Wer nie auf einen Berg steigt,
wird die schönsten Aussichten versäumen.

Glückliche Menschen bessern sich kaum. Sie glauben immer Recht zu haben, wenn das Glück sie in ihrem schlechten Verhalten bestärkt.

François La Rochefoucault

Glücklich sind alle Menschen,
die lieben können.
Wirklich reich ist,
wer mehr Träume in seiner Seele hat,
als die Realität zerstören kann.

Glückselig nenne ich den,
der, um zu genießen,
nicht nötig hat unrecht zu tun,
nicht nötig hat zu entbehren.

Friedrich Schiller

Wer sich im Frühling schon vor dem Winter fürchtet,
kann Sommer und Herbst nicht richtig genießen.

Willst du immer weiter schweifen?
Sieh, das Gute liegt so nah.
Lerne nur das Glück ergreifen,
denn das Glück ist immer da.

J. W. von Goethe

Während der Kopf noch nach dem richtigen Weg sucht,
beginnt das Herz schon zu laufen.

Marga Lux

Beklage nie den Morgen,
der Müh' und Arbeit gibt.
Es ist so schön zu sorgen
für Menschen, die man liebt.

Einen Tropfen Glück möchte ich haben
oder ein Fass Verstand.

Menander

Scheint die Sonne noch so schön,
am Ende muss sie untergeh'n.

Heinrich Heine

Über die Welt hin ziehen Wolken.
Grün durch die Wälder
fließt
ihr Licht.
Herz vergiss!
In stiller Sonne
weht linderndster Zauber,
unter wehenden Blumen blüht tausend Trost.
Vergiss! Vergiss!
Aus fernem Grund pfeift, horch, ein Vogel.
Er singt sein Lied!
Das Lied vom Glück!

Arno Holz

Über den Menschen

Wir sind alle Menschen
und nichts Menschliches ist uns letztlich fremd.
Die hier versammelten Lebensweisheiten und Verse
lassen uns mit einem Augenzwinkern über manche
menschliche Unzulänglichkeit
räsonieren und zugleich schmunzeln.

Wie nun mal die Dinge liegen
und auch wenn es uns missfällt:
Menschen sind wie Eintagsfliegen
an den Fenstern dieser Welt.

Ein Träumer lebt vom kommenden Tag,
und kommt das Glück, so steht er verdrossen;
denn was er auch gewinnen mag –
er hat alles im Voraus genossen.

Ludwig Pfau

In jedem Menschen ist etwas von allen Menschen.

Georg Christoph Lichtenberg

Wenn and're klüger sind als wir,
das macht uns selten nur Pläsier,
doch die Gewissheit, dass sie dümmer,
erfreut fast immer.

Wilhelm Busch

Ein Mensch wollt' nicht vergeblich leben,
so ging von früh bis spät sein Streben
danach, viel Geld an sich zu raffen
und teure Güter anzuschaffen.
Doch kaum war er mit sich zufrieden,
ward großes Unglück ihm beschieden:
Er stand am Ende seines Lebens
und sah nun all sein Tun vergebens.
Verloren waren Hab' und Gut,
die Schaffenskraft und auch der Mut.
Vor allem aber tat's ihm leid
um den Verlust der Lebenszeit.

Marga Lux

Menschen mit Fantasie langweilen sich nie.

Jakob Bosshart

Ein armer Mann –
der nicht selber lachen kann.

Christian Morgenstern

Wie klein ist das, was einer ist,
wenn man's mit seinem Dunkel misst.

Wilhelm Busch

Jeder ist ein Mond und hat eine dunkle Seite,
die er niemandem zeigt.

Mark Twain

Keiner ist so verrückt, dass er nicht einen
noch Verrückteren findet, der ihn versteht.

Friedrich Nietzsche

Kein Mensch kann alles richtig machen
und niemand ist perfekt –
klug ist's, mit anderen zu lachen,
wenn einen darum jemand neckt.

Man sollte anderen Menschen nur antun,
was man selbst zu ertragen bereit ist.

Man wird von der Menge öfter ohne Grund gehasst
als ohne Grund geliebt.

Jean Paul

Ein Mensch ist, an der Welt gemessen,
nicht größer als ein Sandkorn in der Wüste.
Und doch hat jedes Körnchen seinen Platz.
Weder die Wüste noch der schönste Strand,
weder Morast noch Treibsand könnten
ohne die Summe vieler Körnchen sein.
Wohin es nun das einzelne auch weht,
es muss ein Sinn in allem sein.

Lebensweisheit

Toleranz ist immer schwer aufzubringen,
aber besonders schwer ist es,
sie gegenüber Intoleranten zu beweisen.

Lebensweisheit

Jeder Mensch hat auch mal dumme Gedanken,
aber wer klug ist, der verschweigt sie.

Ein Mensch ohne Fantasie hat weniger Ängste,
aber auch weniger Freuden.

Marga Lux

Ein Mensch ohne Träume
ist wie eine Wiese ohne Blumen.

Marga Lux

Mensch werden ist eine Kunst.

Novalis

Ein Maulwurf in dem Geistlichen,
im Weltlichen ein Luchs,
ein Esel in dem Nützlichen,
im Schädlichen ein Fuchs
ist jeder Mensch, der seinen Geist,
der himmlisch ist, mit Erde speist.

Friedrich von Logau

Es gibt Menschen, die sich immer angegriffen wähnen,
wenn jemand eine Meinung ausspricht.

Christian Morgenstern

Not lehrt den Menschen beten,
Arbeit lehrt ihn, sich selbst zu helfen,
Güte lehrt ihn zu geben.

Prahl' nicht heute: Morgen will
dieses oder das ich tun.
Schweige doch bis morgen still,
sage dann: Das tat ich nun.

Friedrich Rückert

Der Mensch ist eine vollständige Menagerie.

Friedrich Hebbel

Wie selig irrt der Mensch, der seinen Irrtum kennt
und sieht, wie hell aus ihm das Licht der Wahrheit brennt.

Daniel von Czepko

Des Menschen köstlichster Gewinn:
Ein frohes Herz und reiner Sinn.

Edel sei der Mensch,
hilfreich und gut!

J. W. von Goethe

Wir sind so gerne in der freien Natur,
weil diese keine Meinung über uns hat.

Friedrich Nietzsche

Ein Mühlstein und ein Menschenherz wird stets herumgetrieben.
Wo beides nichts zu reiben hat, wird beides selbst zerrieben.

Friedrich von Logau

Wer Unrecht tut,
schläft selten gut.

Das Leben ist wie eine Seifenoper:
Der eine spielt den Clown,
der andere den Schuft,
der nächste den Helden
und mancher führt Regie.
Doch es ist nicht das Stück,
worauf es ankommt, sondern,
dass jeder Mensch für sich
nur Rollen übernimmt,
die sich tatsächlich mit dem decken,
was er in sich trägt.

Marga Lux

Erwischtes Laster verzeiht, nicht erwischte Dummheit.

Wilhelm Busch

Studiere die Menschen, nicht um sie zu überlisten und auszubeuten, sondern um das Gute in ihnen aufzuwecken und in Bewegung zu setzen.

Gottfried Keller

Es gibt Menschen, die sind wie ein Bumerang:
Du musst sie im richtigen Moment loslassen,
damit sie zu dir zurückkommen.

Klatschen heißt, anderer Leute Sünden beichten.

Wilhelm Busch

Das Gute – dieser Satz steht fest –
ist stets das Böse, dass man lässt.

Wilhelm Busch

Eine Schüssel, die man braucht,
ist immer blank
und wer rührig schafft,
ist selten krank.

Die Menschen werfen sich im politischen wie auf dem Krankenlager
von einer Seite auf die andere, weil sie glauben, dann besser zu liegen.

J. W. von Goethe

Habe Mut, dich deines eigenen Verstandes zu bedienen.

Immanuel Kant

Wer im Licht steht,
kann lange Schatten werfen!

Marga Lux

Die Großen schaffen das Große,
die Guten das Dauernde.

Marie von Ebner-Eschenbach

Das einzige Mittel, den Irrtum zu vermeiden,
ist die Unwissenheit.

Jean-Jacques Rousseau

Über das Leben und die Welt

*Über das Leben an sich und die Welt im Allgemeinen
gibt es recht viel zu sagen.
Ob humorig, besinnlich oder ernst,
in ein Gedicht oder einen Vers gefasst –
wird das Wesentliche des Lebens
für uns am besten erfassbar.*

Ich könnt' euch gute Warnung geben,
jedoch ich weiß, ihr hört mich nicht,
man kennt die Rosen wie das Leben
nur, wenn man sich an ihnen sticht.

Ludwig Thoma

Schläft ein Lied in allen Dingen,
die da träumen fort und fort,
und die Welt hebt an zu singen,
triffst du nur das Zauberwort.

Joseph von Eichendorff

Das Leben ist eine große Entdeckungsreise!

Wer nur auf Sicherheit bedacht ist,
wird funktionieren, statt zu leben.

Jeder Augenblick des Lebens ist kostbar,
weil es ihn nur einmal gibt!

Wer zu viel plant, hat zu wenig Zeit zum Leben.

Das gibt es nicht im Leben,
dass einer nichts bereut.
Musst heut' dein Bestes geben,
ob's gut ist, zeigt die Zeit.

Leben heißt: denken, fühlen und handeln.

Meist sind es nicht Felsen,
die uns zu Fall bringen,
sondern die kleinen Steinchen,
welche auf unseren alltäglichen Wegen herumliegen.

Erst am Ende deines Lebens wirst du wissen,
was du aus deinem Leben gemacht hast –
oder das Leben aus dir.

Ja! diesem Sinne bin ich ganz ergeben,
das ist der Weisheit letzter Schluss:
nur der verdient sich Freiheit wie das Leben,
der täglich sie erobern muss!

J. W. von Goethe

Die Wahrheit erforschen,
das Schöne lieben,
das Beste wollen,
das Gute tun.

Moses Mendelssohn

Güte in den Worten
erzeugt Vertrauen.
Güte im Denken
erzeugt Tiefe.
Güte beim Verschenken
erzeugt Liebe.

Lao-tse

Wer keinen Mut zum Träumen hat,
hat keine Kraft zu kämpfen.

Denken ist wundervoll, aber noch wundervoller
ist das Erlebnis.

Oscar Wilde

Man muss noch Chaos in sich haben,
um einen Stern gebären zu können.

Friedrich Nietzsche

Ich weiß nicht, ob es besser wird,
wenn es anders wird.
Ich weiß nur, dass es anders werden muss,
wenn es besser werden soll.

Nicht weil es schwer ist, wagen wir es nicht,
sondern weil wir es nicht wagen, ist es schwer.

Seneca

Ein grünes Blatt aus sommerlichen Tagen,
ich nahm es so im Wandern mit,
auf dass es einst mir möge sagen,
wie laut die Nachtigall geschlagen,
wie grün der Wald, den ich durchschritt.

Theodor Storm

Wer sich nicht verändert, hat nicht gelebt.

Chinesisches Sprichwort

Alles, was man im Zorn sagen, schreiben oder tun möchte,
sollte man besser auf den nächsten Tag verschieben.

Im Buch der Bücher offenbar
steht Gottes Wort. Doch sagt, ihr Frommen,
ist Gott durch soviel' tausend Jahr'
sonst nie zu Wort gekommen?

Paul Heyse

Geliehene Bücher wiedergeben,
wird oft versäumt von Jungen und Alten,
denn leichter ist es, die Bücher selber,
als was darin steht zu behalten.

Robert Walser

Solange Herz und Auge offen,
um sich am Schönen zu erfreu'n,
so lange, darf man freudig hoffen,
wird auch die Welt vorhanden sein.

Wilhelm Busch

Hüte, hüte den Fuß und die Hände,
eh' sie berühren das ärmste Ding!
Denn du zertrittst eine hässliche Raupe
und tötest den schönsten Schmetterling.

Theodor Storm

Zorn und Liebe mögen blind machen,
aber Resignation macht müde
und Gleichgültigkeit macht kalt.

Die Bereitschaft zu geben
ist bei denen am größten,
die am wenigsten haben.

Auch die Ewigkeit besteht aus Augenblicken.

Die Märchen von heute sind anders;
und wenn wir nicht gestorben sind,
dann suchen wir noch morgen.

Marga Lux

So komme, was da kommen mag!
Solang' du lebest, ist es Tag.

Und geht es in die Welt hinaus,
wo du mir bist, bin ich zu Haus.

Ich seh' dein liebes Angesicht,
ich seh' die Schatten der Zukunft nicht.

Theodor Storm

Es ist vielleicht nicht fein,
alles herauszulassen,
auch ist es meist nicht klug –
doch es erleichtert ungemein.

Zwei Eimer sieht man ab und auf
in einem Brunnen steigen,
und schwebt der eine voll herauf,
muss sich der and're neigen.
Sie wandern rastlos hin und her,
abwechselnd voll und wieder leer,
und bringst du diesen an den Mund,
hängt jener in dem tiefsten Grund,
nie können sie mit ihren Gaben
im gleichen Augenblick dich laben.

Friedrich Schiller

Drei Engel mögen dich begleiten,
durch deine ganze Lebenszeit.
Die Engel, die ich meine,
sind Liebe, Glück, Zufriedenheit.

Wer kein Fenster öffnet,
kann auch nicht weit hinaussehen.

Die Wahrheit ist ein selten Kraut,
noch seltener, wer's gut verdaut.

Reich ist man nicht
durch das, was man besitzt,
sondern mehr noch durch das,
was man mit Würde zu entbehren weiß.

Ihrer sechzig hat die Stunde,
über tausend hat der Tag.
Söhnchen, werde dir die Kunde,
was man alles leisten mag.

J. W. von Goethe

Man muss verstehen,
die Dummheiten zu begehen,
die unser Charakter von uns verlangt.

Nicolas Chamfort

Wer sich an and're hält,
dem wankt die Welt.
Wer auf sich selber ruht,
steht gut.

Paul Heyse

Tu, was du für recht hältst, wenn du deswegen
auch nicht öffentlich gelobt würdest; denn die Welt
ist ein schlechter Richter über gute Taten.

Matthias Claudius

Es kann die Ehre dieser Welt
dir keine Ehre geben.
Was dich in Wahrheit hebt und hält,
muss in dir selber leben.

Theodor Fontane

Tu nur das Rechte in deinen Sachen;
das and're wird sich von selber machen.

J. W. von Goethe

„Ist doch" – rufen sie vermessen –
„nichts im Werke, nichts getan!"
Und das Große reift indessen
still heran.
Es scheint nun, niemand sieht es,
niemand hört es im Geschrei:
mit bescheid'ner Trauer zieht es
still vorbei.

Ernst von Feuchtersleben

Wer nur Schlechtes sucht,
kann auch nichts Gutes finden.

Nicht an die Güter hänge dein Herz,
die das Leben vergänglich zieren!
Wer besitzt, der lerne verlieren,
wer im Glück ist, der lerne den Schmerz.

Friedrich Schiller

In der Ruhe liegt die Kraft,
mit der man alles schafft!
Auch das Glücklichsein.

Trost und Einsamkeit

Ein tröstendes Wort zur rechten Zeit,
schafft zwar nicht alle Sorgen fort,
doch es zeigt uns, dass wir mit unserem Kummer nicht alleine sind.
Aufrechte Anteilnahme gibt Halt,
macht Mut und vermittelt Geborgenheit.

Wenn dich die Nebel des Trübsinns umgarnen,
heb' zu den Sternen den sinkenden Mut.
Hab' zu dir selber recht festes Vertrauen.
Bald schon wird alles ja doch wieder gut.

Im Nebel ruhet noch die Welt,
noch träumen Wald und Wiesen:
bald siehst du, wenn der Schleier fällt,
den blauen Himmel unverstellt,
herbstkräftig wie gedämpfte Welt
in warmem Golde fließen.

Eduard Mörike

Lachen und Lächeln sind Tor und Pforte,
durch die viel Gutes
in den Menschen hineinhuschen kann.

Christian Morgenstern

Ich lieg' in Gottes Hand
und ruh' in Gottes Schoß.
Bei ihm fühl' ich mich klein,
bei ihm fühl' ich mich groß.

Es war, als hätt' der Himmel
die Erde still geküsst,
dass sie im Blütenschimmer
von ihm nun träumen müsst'.

Die Luft ging durch die Felder,
die Ähren wogten sacht,
es rauschten leis' die Felder,
so sternklar war die Nacht.

Und meine Seele spannte
weit ihre Flügel aus,
flog durch die stillen Lande,
als flöge sie nach Haus'.

Joseph von Eichendorff

Nach oben allzeit offen schau'n
in grenzenlosem Gottvertrau'n,
zur Erde blicke, dass dein Herz genießt,
die Lust an allem, was da sprießt.

Trifft dich ein Leid, mit festem Blicke
sieh in das Auge jedem Missgeschicke;
und rückwärts schau nur in Erinnerung,
dann bleiben Herz und Seele frisch und jung.

Bist du einsam und verlassen,
traurig und betrübt,
kannst nicht mehr umfassen,
was du einst geliebt,
ist der Himmel grau und trübe
und braust der Wind,
denk' an Gottes Liebe,
denk', du bist sein Kind.

Nur die Sache ist verloren,
die man selbst verloren gibt.
Wer's nicht weiß, gleicht einem Toren,
der die Wirklichkeit nicht sieht.

Ich pflück' dir Sonnenstrahlen, Regenbogen, Sterne und den Mond,
für einen Märchenstrauß, in den du dein Gesicht versenken kannst,
wenn du hoffnungslos und traurig bist.

Marga Lux

Wenn dich in dunklen Tagen
schlimmer Kummer drückt
und unter tausend Klagen
dein Auge aufwärts blickt,
wenn dann kein Licht hernieder
in deine Seele fällt,
dann zage nicht, du Lieber,
denn Gott regiert die Welt.

Glückliche Seele, was willst du dich sorgen,
wenn noch ein Mensch dir zur Seite blieb,
von dem du weißt: hier bin ich geborgen,
er ist gut und er hat mich lieb.

In jedem Ende liegt auch ein Anfang verborgen.

Frühling, Sommer, Herbst und Winter,
überall ertönt dahinter
Gottes liebevoller Ruf,
der die ganze Welt uns schuf.
Alles hat er uns gegeben,
jede Blume, jedes Leben,
also sollten wir uns freu'n,
denn wir sind nie ganz allein.

Wenn ich wüsste, dass morgen die Welt untergeht,
würde ich heute noch ein Apfelbäumchen pflanzen.

Martin Luther

Liebe/ r.........*, lass dir sagen:
Wenig hilft es, nur zu klagen
oder einfach auszurasten,
weil Probleme dich belasten.
Hat das Leben dich geprellt,
schimpf' nicht auf die ganze Welt.
Damit stellst du keine Weichen
und kannst gar nicht viel erreichen.
Lass dir nie den festen Glauben
an die eig'ne Stärke rauben.
Nimm dein Leben in die Hand,
dann gewinnst du wieder Land!

Marga Lux

* Der Name ist beliebig einsetzbar

In allem, was schön ist,
liegt Trost und Ermutigung.
Kleine Freuden können
große Kraft geben!

In keines Menschen Leben,
kann es nur Freude geben;
doch soll'n bald frohe Stunden
die schweren überrunden.

Das sind die Starken im Leben,
die unter Tränen lachen
und trotz eig'ner Not danach streben.
andere glücklich zu machen.

Auf Regen folgt meist Sonnenschein.
Fühlst du dich einmal sehr allein,
oder von Sorgen schwer bedrückt,
weil dir gerade gar nichts glückt.
Bedenke, dass du Freunde hast.
Sie tragen gern mit dir die Last –
nicht nur das Lachen und die Freude.
Dies schrieb ich dir ins Album heute,
um dir im Voraus Mut zu geben,
in Freundschaft, für dein weit'res Leben.

Marga Lux

Wenn dich üble Sorgen plagen,
musst du deshalb nicht verzagen.
Gib nicht auf, mach dich nicht klein!
Schau, du bist ja nicht allein.
Von den Nöten, die dich quälen,
kannst du einem Freund erzählen,
der gemeinsam mit dir trägt,
was dir auf die Seele schlägt.

Marga Lux

Siehst du ein Glück vorübergeh'n,
das nie sich wiederfindet,
ist's gut, in einen Strom zu seh'n,
wo alles wogt und schwindet.

Hinträumend wird Vergessenheit
des Herzens Wunde schließen;
die Seele sieht mit ihrem Leid
sich selbst vorüber fließen.

Nikolaus Lenau

Lass dich nicht davon verdrießen,
wenn die Sorgenblumen sprießen –
reiß sie mit der Wurzel aus.
Spiele nicht den Vogel Strauß.
Wie ein Garten ist das Leben.
Man muss hegen, man muss pflegen,
bis sich neue Pflanzen regen,
und es kommt auch dann und wann
auf die Wetterlage an.
Manchmal plagt man sich vergebens
um den guten Teil des Lebens,
um später doppelt zu genießen,
wenn die Sonnenblumen sprießen.

Marga Lux

Oft muss man erst durch Wolken dringen,
eh' man des Himmels Blau entdeckt:
So lässt das Gute sich erringen,
weil sich das Beste nur versteckt.

Hoffmann von Fallersleben

Sind die Nächte lang und trübe,
weil dich harte Schicksalshiebe
oder kleine Alltagstücken,
schlaflos machen und bedrücken,
lass dich nicht davon zerquälen.
Ich will dir vom Glück erzählen.
Träum von zartem Elfentanz,
bald schon kommt der Morgenglanz.
Jeder Tag ist Neubeginn –
und in allem liegt ein Sinn.

Marga Lux

Den bängsten Traum begleitet
ein heimliches Gefühl,
dass alles nichts bedeutet,
und wär' uns noch so schwül.
Da spielt in unser Weinen
ein Lächeln hold hinein,
ich aber möchte meinen,
so sollt' es immer sein!

Friedrich Hebbel

Ein kleiner Frosch im See zu sein,
das ist ja auch nicht immer fein.
Er ahnet nichts von seiner Not
und dient dem Storch als Abendbrot.
Und die Moral von diesem Reim?
Es ist doch schön, ein Mensch zu sein,
denn mit Gefühl und mit Verstand,
da übersteht man allerhand.
Und wenn auch heut' durch dein Gemüt
noch eine dunkle Wolke zieht
(ich weiß, das klingt jetzt sehr banal),
bald kommt ein dicker Sonnenstrahl.

Marga Lux

Und das ist der Sieg,
der die Welt besiegt:
unser Glaube.

Worte des Johannes

Mensch, werde wesentlich; denn wenn die Welt vergeht,
so fällt der Zufall weg, das Wesen, das besteht.

Angelus Silesius

Du musst das Leben nicht verstehen,
dann wird es werden wie ein Fest.
Und lass dir jeden Tag geschehen,
so wie ein Kind im Weitergehen
von jedem Wehen
sich viele Blüten schenken lässt.

Rainer Maria Rilke

Heiteres in allen Lebenslagen

Mit Humor geht alles besser!
Die kleineren und größeren Unwägbarkeiten des Lebens
lassen sich mit einem herzhaften Lachen viel leichter ertragen.
Wie gut zu wissen, dass der Humor die Kraft ist,
mit der man alle Lebenslagen meistern kann.

Fortuna lächelt, doch sie mag
uns ungern voll beglücken.
Schenkt sie uns einen Sommertag,
so schenkt sie uns auch Mücken.

Wilhelm Busch

Ich hab' dich geliebt
und im Herzen getragen.
Nun bist du verrutscht
und liegst mir im Magen.

Volksmund

Die Jugend ist etwas Wundervolles.
Es ist eine Schande, dass man sie an Kinder vergeudet.

George Bernard Shaw

In der Stadt lebt man zu seiner Unterhaltung,
auf dem Lande zur Unterhaltung der anderen.

Oscar Wilde

Die Philister, die Beschränkten,
diese geistig Eingeengten,
darf man nie und nimmer necken.
Aber weite, kluge Herzen
wissen stets in uns'ren Scherzen
Lieb' und Freundschaft zu entdecken.

Heinrich Heine

Ein Alter liebt die Taler,
ein Junger liebt sie auch,
nur jener zum Verstecken
und dieser zum Gebrauch.

Friedrich von Logau

Wo du auch weilest, denk' an mir!
Mein Porträt umschwebe dir!

Adolf Glassbrenner

Gedanken sind nicht stets parat,
man schreibt auch, wenn man keine hat.

Wilhelm Busch

Wenn wir es recht überdenken, so stecken
wir doch alle nackt in unseren Kleidern.

Heinrich Heine

Ein jeder Mensch
pflegt insgeheim
sein eigener Bewunderer,
und zwar der einzige zu sein.

Barthold Heinrich Brockes

Wenn du den Wert des Geldes kennen lernen willst,
versuche, dir welches zu borgen!

Benjamin Franklin

Man versehe mich mit Luxus!
Auf alles Notwendige kann ich verzichten.

Oscar Wilde

Gibt dir das Leben einen Puff,
so weene keene Träne,
lach dir 'nen Ast und setz dir druff,
und baumle mit de Beene!

aus Berlin

Wenn dich die Lästerzunge sticht,
so lass dir dies zum Troste sagen:
Die schlechten Früchte sind es nicht,
woran die Wespen nagen.

Gottfried August Bürger

Stets äußert sich der Weise leise,
vorsichtig und bedingungsweise.

Wilhelm Busch

Alles in der Welt ist Torheit,
nur nicht die Heiterkeit.

Friedrich der Große

Kein altes Übel ist so groß, dass es nicht
von einem neuen übertroffen werden könnte.

Wilhelm Busch

Dem Heiteren erscheint die Welt auch heiter.

J. W. von Goethe

Jedes Problem hat zwei Seiten:
die falsche und meine.

Sie brauchen nichts zu wissen, Sie sind ein reicher Mann.
Aber ich bin ein armer Teufel, mir muss was einfallen.

Johann Nepomuk Nestroy

Der klugen Leute Ungeschick
stimmt uns besonders heiter,
man fühlt doch für den Augenblick
sich auch einmal gescheiter.

Wilhelm Busch

Wie glücklich viele Menschen wären, wenn sie sich
genauso wenig um die Angelegenheiten anderer
bekümmerten wie um ihre eigenen!

Georg Christoph Lichtenberg

Was Prügel sind, das weiß man schon,
was aber die Liebe ist,
das hat noch keiner herausgebracht.

Heinrich Heine

Wir lieben die Menschen, die frisch heraus sagen, was sie denken.
Vorausgesetzt, sie denken dasselbe wie wir.

Mark Twain

Ein Haar in der Suppe missfällt uns sehr,
selbst wenn es vom Haupt der Geliebten wär'.

Wilhelm Busch

Viele Spötter meinen reich an Geist zu sein
und sind nur arm an Takt.

Georg Christoph Lichtenberg

Ein guter Hirte schert seine Schafe,
aber er zieht ihnen nicht das Fell über die Ohren.

Es gibt Menschen, die stundenlang von Dingen reden,
denen sie sprachlos gegenüberstehen.

Humor ist der Schwimmgürtel
auf dem Strome des Lebens.

Wilhelm Raabe

Minister fallen wie Butterbrote
gewöhnlich auf die Butterseite.

Ludwig Börne

Dummheit, die man bei den anderen sieht,
wirkt meist erhebend aufs Gemüt.

Wilhelm Busch

Lustig gelebt und selig gestorben
heißt dem Teufel die Rechnung verdorben.

Sprichwort

Höflichkeit ist wie ein Luftkissen:
Es mag wohl nichts drin sein,
aber sie mildert die Stöße des Lebens.

Arthur Schopenhauer

In der Regel folgt auf Wenn
Erst ein So und dann ein Denn.

Wilhelm Busch

Lieben uns die Frauen, so verzeihen sie uns alles,
selbst unsere Vergehen.

Lieben sie uns nicht, so verzeihen sie uns nichts,
selbst unsere Tugenden nicht.

Honoré de Balzac

Lächeln ist die eleganteste Art,
dem Gegner die Zähne zu zeigen.

Die Gabe, sich widersprechen zu lassen,
ist wohl überhaupt eine Gabe, die unter den Gelehrten
nur die Toten haben.

Gotthold Ephraim Lessing

Der verlorenste Tag ist der,
an dem man nicht gelacht hat.

Nicolas Chamfort

Der Beste muss mitunter lügen;
zuweilen tut er's mit Vergnügen.

Wilhelm Busch

Rutsch lieber mit dem Fuß aus
als mit der Zunge.

aus Bulgarien